Jules BELLEUDY

ANTOINE GRIVOLAS

PAYSAGISTE & PEINTRE DE FLEURS

AVIGNON

ÉDITIONS DE L'ACADÉMIE DE VAUCLUSE

ANTOINE GRIVOLAS

Jules BELLEUDY

ANTOINE GRIVOLAS

PAYSAGISTE & PEINTRE DE FLEURS

AVIGNON

ÉDITIONS DE L'ACADÉMIE DE VAUCLUSE

Antoine GRIVOLAS

PAYSAGISTE ET PEINTRE DE FLEURS.

Antoine Grivolas, né à Avignon en 1843 et frère cadet de
Pierre, a pour ainsi dire vécu dans l'ombre de celui-ci et sa réelle
modestie était telle, sa tendre affection pour son aîné l'emportait
à ce point sur le souci de sa propre personnalité, qu'il s'effaçait
complètement devant celui qui lui avait enseigné les premiers
éléments du dessin et de la peinture. Après avoir débuté en
imitant les manières successives de Pierre Grivolas, Antoine,
dès qu'il se fut affranchi avec l'âge de toute influence et qu'il
regarda la nature avec ses propres yeux, développa rapidement
son originalité et il parvint non seulement au rang des maîtres
parmi les peintres de fleurs, mais aussi il donna dans ses
paysages du mont Ventoux une note vraiment inédite et tout
à fait personnelle. Depuis l'étude que M. Louis Brès a publiée
sur Pierre Grivolas, et où le talent de l'ancien directeur de l'école
des Beaux-Arts d'Avignon est analysé avec une pénétration et
une exactitude si rares, par une des meilleures plumes de la
critique, le sujet paraît épuisé. Je ne m'occuperai ici que de son
frère Antoine, dont le mérite, pour avoir été reconnu par Arsène
Alexandre, Gustave Geoffroy et George Lafenestre, n'a pas été
mis complétement en évidence et n'a jamais fait l'objet d'une
notice spéciale.

I.

Antoine Grivolas, pour suivre le vœu de sa famille, travailla pendant quelques années sous les ordres de M. Pascal, architecte de la ville d'Avignon. Mais le dimanche, ou à ses moments de loisir, il suivait son frère au paysage et s'essayait, dès le plus jeune âge, à croquer quelques coins de nature. J'ai vu ses premiers essais ; il est certain qu'il réussissait dès lors fort bien à discerner sa véritable voie. A 13 ans, il s'exerçait déjà à peindre des bords de ruisseau sous les grands platanes, des feuillées, des gazons parsemés de fleurettes : c'étaient de bons devoirs d'écolier, assurément faits sous la direction fraternelle, avec une observation assez juste de la perspective et des valeurs, quoique la lumière y fasse défaut et qu'il y manque aussi ce que la pratique et l'expérience y ajouteront plus tard. Les leçons qu'il reçut ainsi lui furent très profitables et cette formation, à l'ancienne manière des artistes, explique comment il n'eut pas à recourir à l'enseignement ordinaire. En effet, il ne fréquenta jamais les écoles des beaux-arts et il passa directement de l'atelier de Pierre au Salon des Artistes français, où il parut toutefois assez tard.

Tout enfant, il était appliqué et studieux, et Pierre l'a représenté couché de tout son long, sur un canapé canné de l'époque Louis XV, vieux meuble de famille sans doute ; il est vêtu sommairement, un pied chaussé, l'autre nu ; la tête est appuyée sur le bras droit et la main gauche tourne la page d'un livre qu'il lit attentivement. C'est, sans apprêt, une œuvre de tendresse où le pinceau d'un frère a caressé avec amour un jeune et frais visage.

Pierre a fait d'Antoine un autre portrait, vers le même temps : traits en évolution, yeux doux et bleus, regard interrogateur, mains inachevées, à la vérité, mais embarrassées et timides ; il est en tenue d'écolier avec un ceinturon à plaque de cuivre serrant sa blouse [1].

Antoine, qui n'aborda le portrait que dans cette seule circonstance, a fait sa propre figure pour son aîné, qui a légué la

---

1. Dans le tableau *les Flagellants* (musée Calvet), Antoine a une place non loin de Félix Gras. Ils sont tous les deux très ressemblants, d'après leurs contemporains, et se flagellent avec ardeur.

toile au Musée Calvet, où elle reviendra. quoiqu'elle en ait été momentanément distraite, dans une pensée d'hommage respectueux à sa veuve. Ces portraits, où les peintres ont eux-mêmes fixé leurs traits, sont en général leurs meilleures œuvres et des documents de la plus sincère authenticité, presque les seuls où la psychologie et l'art se rencontrent vraiment.

Comme il fallait exercer une profession d'où il put tirer quelques ressources, Antoine, malgré M. Pascal, mit de côté l'équerre et le tire-ligne et devint peintre décorateur, l'art pur n'ayant jamais guère enrichi ses prêtres en province. Il fit comme les artistes de jadis — et les plus grands — tout ce qui concernait son état, depuis des enseignes et des lettres jusqu'à des ornements d'intérieur. Une assez bonne aubaine lui échut pour commencer : il eut à décorer, sobrement, j'imagine, le couvent des sœurs de la Visitation. Il y passa près d'une année, mûrissant un projet filial ; il ne voulut recevoir son salaire qu'à la fin. Il demanda à être payé en pièces d'or et les ayant ramassées, il rentra chez ses parents :

— « Donne ton tablier, maman ! » dit-il, et les jeta toutes dans le giron de sa mère, femme de condition modeste, qui n'en avait jamais vu autant et qui en fut éblouie. C'est le même geste qu'avait fait Frédéric Mistral quand, élève du collège royal d'Avignon, il porta ses livres de prix et sa couronne de lauriers à sa mère, épisode délicieux conté dans les *Mémoires* du poète.

Antoine ne voulut garder pour lui qu'une seule pièce d'or, malgré la joie que lui donnait ce premier salaire, dont il conserva le souvenir inoubliable. Il n'eut jamais, du reste, le prurit de l'argent et ne fut pas un commerçant. Il demeura toute sa vie indifférent au bien-être et les seules jouissances qu'il goûta furent celles que le travail lui apporta quotidiennement, Il vécut seul longtemps, dans un petit atelier de la rue du Val de Grâce, au fond d'un jardin, séjour de prédilection et il n'en sortait que lorsque Pierre venait à Paris. Alors c'étaient d'interminables promenades le long des quais de la Seine, au Luxembourg, aux Tuileries, partout où les yeux de deux peintres pouvaient trouver un attrayant spectacle de couleurs.

C'est Théodore Aubanel, l'ami des deux frères, qui poussa Antoine à prendre en 1876 le chemin de Paris. Le peintre, sans aucune ambition, sans même avoir le goût de la gloire, hésitait et il ne se serait pas décidé sans les instances du poète de la *Miôugrano entreduberto*. Il ne voulait pas quitter sa mère et sa sœur, sentiment provincial, que les nouvelles générations comprendront difficilement.

Il envoya au Salon de 1877 deux panneaux qui furent admis d'emblée, et il y eut, à cette occasion, un incident bien touchant. Comme Antoine, avec la timidité qu'il garda toujours et l'appréhension d'un début si important, s'informait auprès de quelques membres du jury du sort de ses toiles, il apprit qu'elles étaient reçues, mais que l'envoi de son frère était refusé. Ce fut un désespoir profond chez l'élève qui se voyait préféré à son professeur, à ce frère cher qu'il considérait comme un maître et qui allait être si douloureusement déçu.

Antoine, si timoré, si ignorant de Paris, puisa dans l'amour qu'il portait à Pierre, une activité fébrile. Il multiplia les visites et les démarches, expliqua aux membres du jury qu'ils allaient commettre une erreur grossière en excluant son maître, celui de nous qui avait, disait-il, un vrai talent, une notoriété déjà reconnue, qui était directeur d'une école des Beaux-Arts et qui allait être frappé au cœur par cet injurieux verdict :

— « Prenez le tableau de mon frère, répétait-il à tous, et laissez les miens. »

Il fit tant que Pierre fut admis au repêchage, mais on garda les reine-marguerites, les pivoines et les chrysanthèmes qui inaugurèrent les expositions publiques de son cadet.

Les années suivantes, il donna encore des chrysanthèmes et des pivoines, qu'il traitait avec une adresse particulière et qui attirèrent l'attention des amateurs. Jusque là, pourtant, c'est-à-dire jusqu'à 1881, Antoine Grivolas peignait la fleur, comme tout le monde, dans le détail des pétales et des feuilles, n'en omettant rien, dans leurs nuances décolorées de plantes inanimées, qui ont été trempées dans l'eau ou rafraîchies au vaporisateur.

Il ne comprenait pas autrement la fleur que ses prédécesseurs ou ses contemporains dont les musées locaux nous ont conservé les toiles : Saint-Jean, par exemple, qui la tourmente en bouquets ou en couronnes et en forme l'arrangement le plus étrange; Joseph Baile, Antoine Berjon, Jean-Baptiste Gallet, Bony, Seignemartin, André Perrachon, qui l'entortillent en palmes, en trophées ovales, en panoplies où la succession des saisons n'est pas respectée, et qui, à force de copier des fleurs montées sur de rigides fils de laiton ne nous montrent que la profanation de la nature par leur pinceau artificiel. Comme l'on comprend que

M. Édouard Sarradin, du *Journal des Débats,* ait pu écrire :
« Les crimes commis par la peinture contre les fleurs ne se
comptent plus, hélas ! »

C'était le temps où Antoine Grivolas, habile déjà à voir au
cœur des pivoines les exquises nuances de chair, le satin souple
de leurs pétales, fait encore des glycines semblables à des
grappes de raisin noir, des pieds-d'alouette bien modelés, trop
appuyés peut-être, où l'air ne circule pas ; il s'en tient encore aux
gros bouquets de roses blanches où s'intercale un rang d'œillets
rouges, ornés d'un ruban tricolore, ces odieux bouquets pour
personnages officiels, où le langage des fleurs sollicite la décora-
tion du Mérite agricole ; il nous montre aussi des lys entremêlés
avec des pommes, comme si le tout avait poussé sur la même
tige.

Mais il se ravise promptement ; il sent qu'il y a autre chose
que cela. En peignant selon la formule, il s'aperçoit que la formule est fausse, qu'il ne faut pas voir les lilas et les roses sous
le velum de l'atelier, pas plus que le paysage, et que dans les
jardins, dans les parcs, dans les bosquets, au long des tonnelles,
l'arbuste fleuri a une autre attitude, une autre couleur, mille
autres couleurs, et que le soleil et la plante y sont en collabora-
tion pour la splendeur du décor et la joie de nos yeux.

Peu à peu, il se détourne de l'habitude qu'on a d'enfermer la
fleur dans des vases d'étain, de cuivre ou de faïence auxquels
elle emprunte des reflets durs et métalliques, où elle s'étiole et
meurt ; puis, transition qui est dans l'ordre des choses et où Paul
Bourget verrait un argument en faveur de sa thèse de l'*Étape,*
Grivolas peint les quais de Paris, les éventaires des fleuristes,
les baladeuses chargées de palmiers et de plantes en pots, enve-
loppées dans de grandes feuilles de papier blanc qui leur font des
faux-cols gigantesques.

Il expose alors le *Trottoir fleuri,* le *Déjeuner de la fleuriste,*
titres ravissants, dont le dernier trouvé par Paul Arène, grand
ami de Grivolas, est plus parisien qu'il n'est juste et approprié à
la toile ; c'est l'époque de l'*Arrivage de fleurs sur le quai,* acquis
par la ville de Paris, et de l'*Étalage de fleurs.* Dans cette avalan-
che de toutes les inflorescences et de toutes les plantes d'appartement, dans cette débauche de couleurs, dans cet amoncelle-
ment et ce mélange d'œillets, d'azalées, de lilas, de roses, de
chrysanthèmes, de pivoines, de bleuets, dans cet éden de jardinier fleuriste, la palette de Grivolas s'exalte, et de son pinceau

éblouissant, il crée à son tour des fleurs qui ne meurent pas d'anémie dans des vases brisés. L'œil de l'artiste se complaît aux contrastes de ces taches roses, bleues, vertes, sous le parapet gris du quai, avec les monuments de Paris, au fond, gris dans leurs nobles lignes architecturales, sous un ciel gris pareillement.

Mais ce ne sont encore que des produits d'horticulteurs, plus nourris de sève, plus légers, plus simples, je le veux bien, mais aussi arrachés à la terre nourricière, des fleurs coupées, selon l'expression courante, ayant subi la blessure sanglante de la serpette ou du sécateur : les unes viennent de la serre ou de l'orangerie et n'ont qu'une vie factice, les autres arrivent de la côte d'azur, lasses du long voyage, et leurs frêles tiges se penchent mélancoliques sous le poids des boutons forcés et des lourdes efflorescences. Cependant elles respirent encore, elles luttent pour survivre quelques heures (sur de tièdes poitrines) — joyaux qui ne doivent rien au joaillier — ou dans le sable humide des surtouts d'orfévrerie, ruisselantes de l'éclat de la lumière électrique.

Enfin, Grivolas découvre la fleur des champs, des jardins, des grands parcs, où elle est chez elle, où elle végète à loisir, sous la rosée quotidienne et fait sa toilette et brille comme les perles de la plus belle eau sur des carnations idéales ; où elle est d'abord le bouton exubérant gonflé de vie, où elle éclot dans son printemps, s'épanouit radieusement dans son automne et meurt le soir après avoir répandu tous ses parfums.

Il arriva à notre compatriote une aventure qui, après tout, ne doit pas trop surprendre, tant notre œil s'habitue vite à la convention. Un amateur de chrysanthèmes avait dans son jardin de la pittoresque rue des Teinturiers, à Avignon, une collection que, par des semis sélectionnés, des soins quotidiens que connaissent seuls les fanatiques de la fleur importée par le marseillais Blanchard, il avait élevée au plus magnifique degré de végétation et de coloris. Grivolas les vit et réussit à exprimer la vivacité et la rutilance de leur chevelure d'or et de soleil, comme un peintre japonais aurait pu le faire. Mais les confrères à qui il les montra ne voulurent pas croire que l'artiste les avait peints d'après la nature. Jamais ils n'avaient vu des chrysanthèmes pareils et ils accusèrent le méridional d'avoir fait des fleurs imaginaires. Il fallut, pour leur faire admettre la vérité, que M. Ricard, l'amateur dont nous parlons, consentit à en envoyer à Paris quelques gerbes. On dut rendre hommage à la sincérité de l'artiste et il exposa *Chez l'amateur de chrysanthèmes*, avec le *Jardin de mon propriétaire*, le *Balcon de Cydalise*, *Coin de parc à Montsouris*, *A Trianon*, *Perron fleuri*, *Dans le jardin du presbytère*, *Coin de parc à Nérac*, et bien d'autres toiles, qui ne peuvent se décrire sans que cet article ressemble à un catalogue de Vilmorin, mais qui toutes sont vraiment d'un maître et qui tranchent sur la production commune. Ses émules n'ont pas encore cessé de composer des tableaux selon sa deuxième manière ; ce sont toujours des plantes déballées et meurtries, arrangées dans des porte-bouquets avec quelques pétales tombés et soigneusement posés sur l'angle d'une table.

Il faut bien dire que Grivolas sacrifie encore parfois à la mode, mais alors quelles délicieuses combinaisons il sait faire, avec quel art il forme ses gerbes ! comme il les arrange en vue d'un tour de force à exécuter : légers lilas blancs avec boules-de-neige ou avec de lourdes tubéreuses. C'est une sorte de symphonie en blanc majeur, pour emprunter le terme cher à Théophile Gautier. Ce sont les délicates nuances du calice des lys ou des cœurs de chrysanthèmes qu'il marie avec les nuances des roses-thé, des safrano, et sa virtuosité, son adresse extrême lui permettent de garder leur éclat, leur *pruiné* à des couleurs vite évanouies. Il lui arrive encore de les reproduire sur le guéridon d'un appartement, ornant une cheminée, dans une potiche de vieux Delft d'un bleu laiteux, ou de Vallauris aux reflets d'émeraude, ou de Strasbourg avec des verts et des roses comme J. Hannon en a signés, faïences qu'il choisit pour la lumière qui s'y fixe, qui s'argente de la blancheur des lilas ou des chrysanthèmes.

Mais il se lasse du convenu et il revient aussitôt à la flore des jardins ; il aime les allées où son propriétaire a réuni les plantes qu'il aime et il y a, entre celui-ci et le peintre, un échange de procédés rares ; les termes de loyer ne sont plus acquittés en argent, mais en panneaux qui rappellent au propriétaire ses cultures préférées, et Grivolas est heureux lui-même de flatter un goût qu'il partage. J.-F. Millet s'acquittait de la même manière du loyer de sa modeste maison et il faut noter, pour la mémoire des propriétaires de ces deux artistes, cette solution de la question sociale par l'art. L'État voulut, sans doute, marquer par ses faveurs un si prodigieux événement et il acquit une toile que le peintre avait consacrée à ce propriétaire, tel que Marcel, des *Scènes de la Vie de Bohême*, n'en rencontra jamais pour lui

vendre son *Passage de la mer Rouge*. On la plaça au musée
d'Hyères et le gardien de ces précieuses collections ne manquait
pas de conduire les visiteurs devant ce tableau « d'un peintre
illustre ». Ils s'extasiaient naturellement devant ce fouillis
d'herbe, ce Paradou en miniature, où quelques roses pointaient
la vivacité de leurs coloris, quelques chrysanthèmes l'or de
leurs sépales, quelques roses trémières la fermeté de leurs
hampes garnies d'efflorescences pourprées, où la vigne vierge
poussait les tons changeants de ses feuillages.

Or, un certain jour, un touriste qui pourtant paraissait con-
naisseur de peinture, se mit, devant le gardien consterné, à
critiquer les nuances des feuilles de chrysanthèmes, les ombres
de la tonnelle sur le sol de l'allée ; même le tableau, d'une façon
générale, trouva à peine grâce à ses yeux : c'était Grivolas qui
avait reconnu son œuvre et qui, en constant progrès, y voyait
des erreurs qu'il n'eût plus commises. Le fait est assez
rare, certes, pour que nos gardiens de musée ne l'aient pas
enregistré souvent.

Mais notre peintre avignonais n'aimait guère l'éloge et lui
préférait de sages critiques dont il savait tenir compte lorsqu'il
les reconnaissait fondées. Il n'avait rien de la vanité de certains
artistes qui n'exécutent que des chefs-d'œuvre devant lesquels
leur amour-propre ordonne de se pâmer. Quand il faisait le tour
du Salon, au vernissage, en compagnie de quelques compatriotes, il leur montrait les toiles de Paul Vayson, de Paul Saïn,
leur en signalait les beautés, parfois même il les conduisait
devant les essais de ses propres élèves, mais jamais il ne leur
parlait de lui ou de ses tableaux, qu'il fallait découvrir sans
son aide.

M. le président Loubet visitait un jour d'inauguration l'expo-
sition d'horticulture au Cours la Reine, où une salle est
réservée aux peintres de fleurs et il disait, avec son affabilité ordinaire, un mot aimable à chaque artiste présent. Il arrive devant
un groupe de fleurs et de fruits peints sous le radieux soleil du
golfe Juan par Antoine Grivolas et s'arrête frappé d'admiration
devant la vérité et l'éclat incomparable de cette nature vivante,
classée à tort comme nature morte dans les genres officiels de
la peinture. Il admire de toute sa sincérité ; mais quand il cher-
che l'artiste pour le complimenter, l'auteur, au lieu de rester en
sentinelle auprès de son tableau comme c'est l'usage, avait
décampé, tout confus de tant d'honneur, se faufilant dans les

rangs pressés du cortège officiel. Les camarades du peintre l'appellent vainement, pendant que M. Loubet répète : « Que c'est donc beau ! » Mais Antoine était déjà loin et courait encore, si bien que Mme Grivolas dût donner elle-même des explications au Président de la République et faillit rentrer seule chez elle, son mari n'ayant consenti à reparaître que lorsque M. Loubet avait assurément regagné l'Élysée.

Parmi les peintres qui affrontaient au Cours la Reine la comparaison avec les produits naturels des grands horticulteurs, Grivolas était ainsi particulièrement distingué et les Madeleine Lemaire, les Allouard, les Biva, les Bourgogne, les Jeannin n'avaient pas un succès plus grand, et, pour tout dire, sans exagération et sans esprit de clocher, on peut placer le peintre avignonais au premier rang de ces excellents artistes.

Ce n'est pourtant qu'au Salon de 1892 qu'il obtint une première récompense pour un *Buisson de roses,* qui appartient à M. Chateau. Le pauvre Antoine n'était pas fait pour décrocher des médailles ; il n'avait aucun entregent et encore moins savait-il vendre ses toiles. Quand un acheteur se présentait dans son atelier, Grivolas considérait que c'était un gêneur et qu'il allait être empêché de travailler avec son entrain habituel. S'il avait affaire à quelqu'un qui hésitait à donner le prix demandé, le peintre lui disait en retournant à ses pinceaux : — « Monsieur, je ne suis pas marchand de tableaux, je suis artiste. »

Aussi pour qu'il se décidât à céder une de ses toiles, fallait-il qu'il fût à bout de ressources.

II.

Il faut expliquer comment les tableaux de Grivolas sont moins connus qu'ils ne devraient l'être. Pour ne pas s'encombrer, l'artiste roulait ses toiles déclouées de leurs châssis et utilisait ceux-ci pour de nouvelles études.

C'est après sa mort que Mme Grivolas les a rétablies sur d'autres châssis et pieusement les a installées dans une galerie dont elle fait les honneurs avec une piété conjugale qui s'allie à la bonne grâce. Là, nous avons pu voir, à l'exception d'un certain nombre de panneaux appartenant à des musées ou à des collections particulières, depuis les premiers essais du peintre jusqu'aux œuvres de ses dernières années. En outre de celles dont nous avons déjà parlé, nous citerons le *Cimetière de Nérac* où il a donné toute sa mesure et où l'élève architecte a livré carrière à son goût pour les belles lignes. Rien n'est plus digne d'admiration qu'un porche roman, entre des colonnettes à chapiteaux naïfs envahis par des rosiers grimpants et des lierres touffus. A côté de ce vieux monument, Grivolas a peint le gazon épais du campo-santo, avec des pierres tombales parmi des buissons d'églantine qui enlacent leurs fraîches corolles aux édicules funéraires. C'est plein de silence et de paix et l'œil qu'attristent des pensées sombres, est ensuite réjoui par les tonalités rouges ou roses qui éclatent de ci de là.

La même année 1891, il exposa le *Perron fleuri* et le *Jardin du presbytère,* qui formaient un contraste par la végétation luxuriante de l'un et la pauvreté des plantes communes de l'autre. Il y a dans le premier une élégante ombrelle qui est, à elle seule, une anecdote.

Le Musée Calvet possède le *Jardin de Cydalise* qui inspira à M. Joseph Gayda quelques vers délicats, dont je citerai les suivants :

> Cydalise a laissé sur le balcon de marbre,
> Sa canne à pomme d'or, son chapeau gracieux,
> Et le livre de vers musqués et précieux
> Qu'on aime à feuilleter en rêvant sous un arbre....
> Par dessus le balcon d'où les volubilis
> Dressent vers le soleil leurs clochetons pâlis,
> La svelte tubéreuse et les roses trémières
> Applaudissent de loin le cavalier vainqueur....[1]

Une autre toile de Grivolas appartient au même Musée : *Roses d'hiver à Antibes ;* c'est une de ses dernières œuvres, qui date de 1901 et c'est une des meilleures, exécutée à l'apogée de son talent. Un rosier franc de pied élève sa vigoureuse végétation sur un coteau qui domine la mer et forme sur ses eaux bleues une couronne de roses du rouge le plus intense. Il y aussi à la mairie d'Avignon un tableau exposé au Salon de 1889 sous le

---

1. M. Félix Achard, qui fut l'ami du peintre et son compagnon dans le Ventoux, me donne un détail que je note avec empressement. Il était au Salon de 1883, devant le *Balcon de Cydalise,* avec M. le Dr Poujade, député de Vaucluse, lorsque survint Jules Ferry, alors ministre de l'Instruction publique et des Beaux-Arts, qui fit l'éloge de la toile et leur annonça qu'il l'avait achetée pour l'État. Il ajouta qu'il avait demandé à l'artiste de sacrifier quelques accessoires dont il est question dans les vers de M. J. Gayda, et de ne conserver que le livre. En effet, ils ont disparu du tableau qui est au Musée Calvet, et l'intérêt ne se disperse pas sur des détails.

titre : *Étalage de fleurs*. Dans la salle des fêtes de l'Hôtel de Ville les dessus de portes sont également dûs à Antoine Grivolas.

Il aimait beaucoup sa ville natale et il y venait tous les ans rejoindre son frère avec qui il entreprenait, comme aux heures de son enfance, de longues excursions d'où il rapportait quelques études. Mais, après la mort de sa sœur Catherine, à qui il avait gardé la plus tendre affection et qui portait à ses deux frères un dévouement sans égal, il fut pris d'une tristesse qu'il alla bercer dans les solitudes du Ventoux, au hameau des Abeilles. C'est au-dessus du village de Monieux, à peu de distance de Sault, au flanc oriental de la vaste montagne, une terre de désolation, un désert de pierres, où quelques misérables chaumières et quelques bergeries témoignent seules de la présence de quelques êtres humains. C'est là qu'il vint se réfugier ; il trouva au presbytère des Abeilles une hospitalité qui n'avait rien de luxueux. Il couchait au grenier sur la paille, quand, surpris par la nuit, il ne se réfugiait pas dans un jas, ouvrant sur sa tête un parapluie si l'eau filtrait à travers les pierres. Il passait ainsi deux ou trois mois d'été dans la compagnie des bergers et de leurs chiens, allant se ravitailler à Monieux, et vivant de riz bouilli et de fromages de chèvres. Il y menait une existence d'anachorète.

C'est là qu'il s'est renouvelé, révélant un talent de paysagiste de premier ordre. Il n'a guère exposé que cinq toiles de cette période : *Les rochers fleuris*, 1894 (à la mairie d'Avignon) ; *Le matin sur le mont Ventoux*, 1898 ; *Sur la montagne ; églantines*, 1899. Mais j'ai eu la bonne fortune de voir celles qui ont été rassemblées par Mme Grivolas, en assez grand nombre, et principalement les études consacrées aux gorges de la Nesque, au rocher du Cire, au village de Monieux et aux croupes ou plateaux supérieurs.

Les frères Grivolas sont les premiers peintres du Ventoux. Pierre y a noté surtout les scènes à personnages ; Antoine s'est borné au paysage. Et comment nous intéresse-t-il à ce point avec les falaises de la Nesque, les mamelons dénudés, les écroulements de pierrailles dans les abîmes d'ombre, les sentiers rocailleux qui se perdent dans les bois de chênes, les chaumes maigres, et quelle puissance ne faut-il pas à l'art et quel talent à l'artiste pour nous émouvoir avec quelques rochers, des touffes de buis rabougris, un ciel morne et un profil lointain de montagne ? Comment le peintre a-t-il été pénétré lui-même par la poésie triste que dégage un petit oratoire dans la rare verdure d'une prairie aux abords de Monieux ? Antoine, dont la palette a emprunté à la nature les couleurs les plus variées, les plus vibrantes, les plus somptueuses, comment sait-il l'assombrir aux gris bleutés de ces calcaires, aux ocres jaunes, aux violets de manganèse pour rendre les stratifications des terrains, les trous noirs creusés par les eaux aux flancs des falaises, les seigles pâles et chétifs, l'indistincte chaumière enterrée jusqu'au pignon derrière un mamelon au détour du chemin ? Toute cette mélancolie venait de son âme en deuil ; elle lui a permisd e déployer des qualités nouvelles.

Il y a dans le tableau de fleurs, tel qu'on le comprend, quelque monotonie. Grivolas s'en était détourné, cherchant une autre voie, qu'il a découverte et il s'est classé parmi les peintres de montagne. S'il n'a pas abordé les plus hauts sommets couverts de neige, c'est qu'il a préféré assurément à leur horreur ce qui pouvait encore nous gagner par un charme très doux, et qu'il n'a pas voulu renoncer à nous montrer la *Solitude fleurie* ou les *Rochers fleuris,* deux titres de ses toiles du Ventoux, un pommier et des amandiers à la saison où l'on ne sait s'ils sont couverts de neige ou de fleurs. Il peint le rocher du Cire, souvenir terrifiant des exploits de Calendau, et dans cette thébaïde éclate tout à coup une couleur joyeuse de blanches ou de roses églantines couvrant de leurs innombrables corolles un buisson vigoureux, broussailleux, épineux : ce ne sera plus la terre de désolation, l'humanité privée de fleurs que Maeterlinck se représente avec épouvante. C'est la manifestation d'un printemps attardé.

Mais la douleur ne peut être éternelle. Après cette retraite de quelques années, une autre vie réclame Antoine Grivolas. Il ne se croyait pas créé, disait-il, pour le bonheur, et pourtant il le trouva dans une union ajournée et enfin réalisée avec une de ses compatriotes, qui, depuis longtemps, réjouissait sa pensée des succès de l'artiste. Son mariage le conduisit sur le littoral de la Méditerranée, juste à l'endroit où la flore de la côte d'azur s'épanouit, resplendit et triomphe comme dans une féerie de couleurs, avec une magnificence inouïe. Non, il ne peut être vrai que la floraison des plantes soit l'effet de leur souffrance, quand on voit leur vigueur, leur richesse, leur épanouissement heureux sur un sol caressé par un soleil toujours brillant, rafraîchi par la brise marine.

C'est alors qu'après l'églantier sauvage du Ventoux, les jardinets d'amateurs, les coins de cimetière ou les carrés de chrysanthèmes d'un modeste presbytère, les éventaires des fleuristes, le marché et le quai aux fleurs, Grivolas se vit dans la patrie même des roses, des tubéreuses, des mimosas et qu'il transporta sur la toile leur pleine santé de campagnardes, leurs tiges puissantes, leur incomparable végétation. Il atteignit, à ce moment, à la vraie maîtrise.

Il donna aux fleurs leur forme et leur volume ; il les construisit d'un adroit tour de pinceau comme un sculpteur qui, avec la délicatesse de ses doigts, modèlerait des ailes étincelantes de papillon. Il rendit la légèreté du lilas comme la pesanteur des tubéreuses, la pudeur du bouton, selon l'expression de Diderot, et, pas plus que Holmant-Hunt, il ne commit d'hérésies que put relever sir Christophe Dyer, directeur du Jardin botanique de Kew. Mais il n'était ni jardinier, ni botaniste ; il était artiste avant tout : il surprenait la fleur dans son négligé du matin quand la rosée la baigne encore, et, au terme de sa carrière, il la préfère simple, sauvage, dans les steppes du Ventoux ou sur le littoral quand la fertilité du sol et l'ardeur du soleil fécondant surpassent les conceptions des horticulteurs.

Un de ses thèmes familiers fut la villa Menier et la route d'Antibes, avec le golfe Juan, les terrasses à balustres garnies de géraniums géants, de plumbagos d'un bleu pâle, de lauriers blancs et roses, d'aloës aigus aux bandes jaunes, de pins maritimes et de ces rosiers éblouissants : *papa Gontier,* mêlant leur rouge coloris à l'azur du ciel et à l'azur de la mer.

Cette vie paisible ne dura que deux années, après lesquelles Grivolas fut emporté par une maladie subite, malgré des soins dévoués ; il eut du moins la consolation de mourir dans la pleine lumière du plus beau paysage de France et d'incliner sa tête endolorie sur les plus somptueuses et les plus odorantes des fleurs qu'il avait aimées [1].

On devrait inscrire sur sa tombe les premiers vers du sonnet que Théodore Aubanel lui avait dédié :

> Es uno amo d'enfant, douço coume li flour
> Que tant poulidamen pinto de sa man fado ;
> Es un cor noble e fier, tendre coume l'amour….

---

[1]. Le 29 novembre 1902. Il était né le 23 juin 1843.

CATALOGUE DES ŒUVRES EXPOSÉES AU SALON.

1877. Pour une fête. — Marguerites.

1878. Chrysanthèmes. -- Pivoines.

1879. Une bourriche de fleurs. — Fleurs d'automne.

1880. Sur ma croisée.

1881. Le fond du jardin. — Envoi de fleurs.

1882. Le déjeuner de la fleuriste (A M. Gally, sénateur).

1883. Le balcon de Cydalise (Musée d'Avignon).

1884. Le trottoir fleuri. — Les fleurs d'Ophélie.

1885. Le jardin de mon propriétaire (musée d'Hyères).

1886. Les chrysanthèmes. — Arrivage de fleurs sur le Quai (Préfecture de la Seine).

1887. Fleurs d'automne (Préfecture de la Seine). — Chez la fleuriste.

1888. Coin de parc à Montsouris (Musée de Cahors). — Pivoines.

1889. A Trianon (Ambassade de France, à Berlin). — Étalage de fleurs (Mairie d'Avignon).

1890. Chez l'amateur de chrysanthèmes. — Roses trémières, A Trianon (Musée de Carpentras).

1891. Perron fleuri. — Le jardin du presbytère (Sous-Préfecture de Nérac).

1892. Buissons de roses. — Dans le parc ; dernières fleurs.

1893. Coin de jardin à Nérac ; novembre. — Roses trémières.

1894. Les roches fleuries (Mairie d'Avignon), Ventoux.

1895. Un coin du quai aux fleurs. — Au Ventoux.

1896. Un matin sur le quai aux fleurs.

1897. Envoi de fleurs.

1898. Pivoines. — Le matin, au Mont-Valérien.

1899. Sur la montagne. Églantiers. — Gorges de la Nesque (Vaucluse).

1900. Fond de jardin abandonné.

1901. Roses d'hiver ; Antibes (Musée d'Avignon).

1902. Entrée de la villa Menier, à Cannes (Musée de Toulon).

On trouvera également des envois d'Antoine Grivolas dans les Expositions d'horticulture et dans celles des peintres de montagnes ; nous citerons, parmi ces toiles : *Le village de Monieux, Les gorges de la Nesque*, *Le camp des Sicaudes, La maison de ma voisine, Le rocher du Cire, Les Laurency, Solitude fleurie*....

AVIGNON. — IMPRIMERIE F. SEGUIN